L14
21

109

Geographie Moderne

442
x a

GÉOGRAPHIE MODERNE, HISTORIQUE ET POLITIQUE

LEÇON MÉTHODIQUE ET ÉLÉMENTAIRE

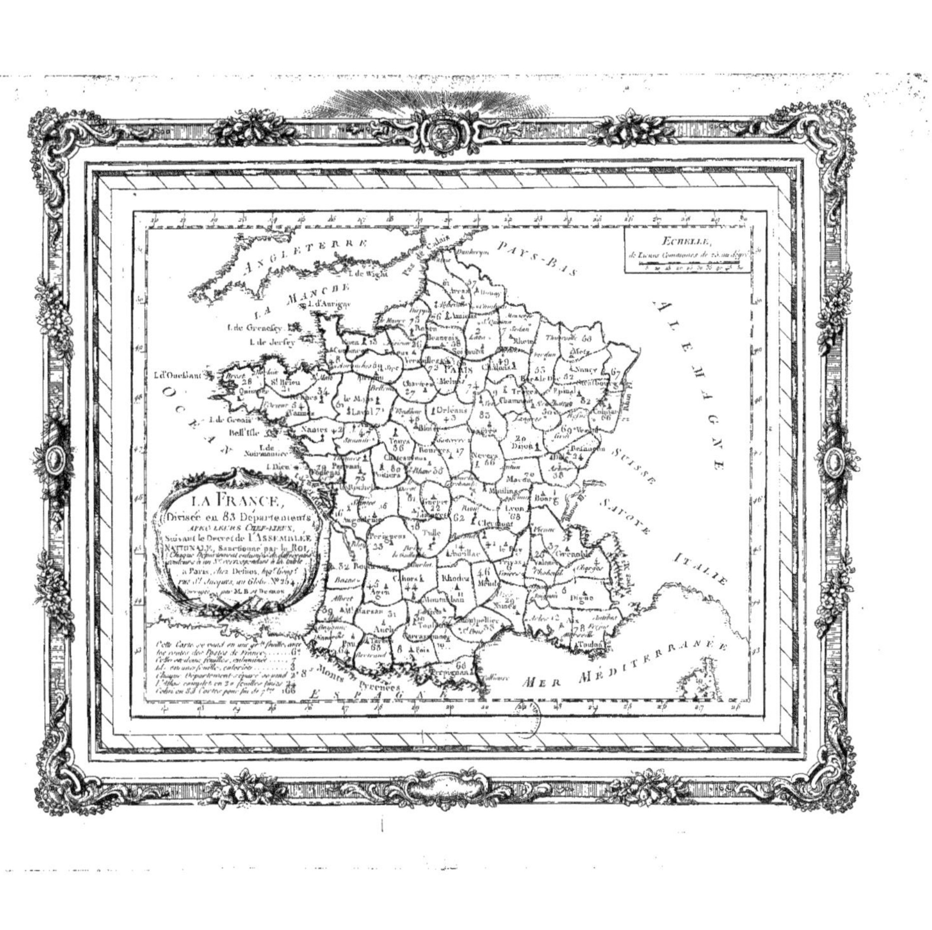
LA FRANCE,
Divisée en 83 Départements
Suivant le Decret de l'ASSEMBLÉE NATIONALE, Sanctionné par le ROI.
à Paris, chez Desnos,
ANGLETERRE
LA MANCHE
L. de Grenesey
L. de Jersey
L. d'Ouessant
L. de Groais
Bell'Isle
L. de Noirmoutier
PAYS-BAS
ALLEMAGNE
SUISSE
SAVOYE
ITALIE
MER MÉDITERRANÉE
ESPAGNE
PARIS
ECHELLE,

Table des Cartes contenues dans l'Atlas national & général de la France, du S.r Desnos, divisée en 83 Départemens & en 546 Districts, conformément aux Decrets de l'Assemblée Nationale, sanctionnés par le Roi. Chaque Départ. se vend 1 l. 8 s.

1 Département de l'Ain. Bourg. *Les Chefs-lieux de District sont :* Bourg, Trévoux, Mont-Luet, Pont-de-Vaux, Châtillon, Belley, Saint-Rambert, Nantua, Gex.

2 Département de l'Aisne. Soissons. *Les Chefs-lieux de District sont :* Soissons, Laon, Saint-Quentin, Château-Thierry, Guise, Chauny.

3 Département de l'Allier. Moulins. *Les Chefs-lieux de District sont :* Moulins, le Donjon, Cusset, Gannat, Montmaraut, Montluçon, Cérilly.

4 Départem. des Hautes-Alpes. Gap. *Les Chefs lieux de District sont :* Gap, Embrun, Briançon, Serres.

5 Départem. des Basses-Alpes. Digne. *Les Chefs-lieux de District sont :* Digne, Forcalquier, Sisteron, Castellane, Barcelonnette.

6 Département de l'Ardèche. Privas. *Les Chefs-lieux de District sont :* Privas, Annonay, Tournon, Aubenas, Vernoux, Villeneuve-de-Berg, l'Argentière.

7 Départ. des Ardennes. Charleville. *Les Chefs-lieux de District sont :* Charleville, Sédan, Rhétel, Rocroy, Vouziers, Grandpré.

8 Département de l'Arriège. Tarascon. *Les Chefs-lieux de District sont :* Tarascon, S. Girons, Mirepoix.

9 Département de l'Aube. Troyes. *Les Chefs-lieux de District sont :* Troyes, Nogent-sur-Seine, Arcis-sur-Aube, Bar-sur-Aube, Bar-sur-Seine, Ervy.

10 Départem. de l'Aude. Carcassonne. *Les Chefs-lieux de District sont :* Carcassonne, Castelnaudari, la Grasse, Limoux, Narbonne, Quillan.

11 Départem. de l'Aveiron, Rhodès. *Les Chefs-lieux de District sont :* Rhodès, Villefranche, Aubin, Murres-de-Barrès, Severac-le-Château, Milhau, Saint-Affrique, Saint-Géniez, Sauveterre.

12 Départ. des Bouches du Rhône. Aix. *Les Chefs-lieux de District sont :* Aix, Arles, Marseille, Tarascon, Apt, Salon.

13 Département de Calvados, Caën. *Les Chefs-lieux de District sont :* Caën, Bayeux, Falaise, Lisieux, Pont-l'Evêque, Vire.

14 Départem. du Cantal. Saint-Flour. *Les Chefs lieux de District sont :* S. Flour, Aurillac, Mauriac, Murat.

15 Dép. de la Charente. Angoulême. *Les Chefs-lieux de District sont :* Angoulême, la Rochefoucault, Confoulens, Ruffec, Cognac, Barbésieux.

16 Dép. de la Charente infér. Saintes. *Les Chefs-lieux de District sont :* Saintes, la Rochelle, S. Jean-d'Angély, Rochefort, Marennes, Pons.

17 Département du Cher. Bourges. *Les Chefs-lieux de District sont :* Bourges, Vierzon, Sancerre, Saint-Amand, Château-Meillant, Sancoins, Aubigny.

18 Département de la Correze. Tulle. *Les Chefs-lieux de District sont :* Tulle, Brive, Uzerches, Ussel.

19 Département de Corse. Bastia. *Les Chefs-lieux de District sont :* Bastia, Oletta, l'Isle-Rousse, la Porta d'Ampugnani, Corté, Cervionne, Ajaccio, Vico, Tallanno.

20 Départem. de la Côte d'Or. Dijon. *Les Chefs-lieux de District sont :* Dijon, S. Jean-de-Lône, Châtillon-sur Seine, Sémur-en-Auxois, Is-sur-Thille, Arnay-le-Duc, Baune.

21 Dép. des Côtes du Nord. St.-Brieux. *Les Chefs-lieux de District sont :* Saint-Brieux, Dinant, Lamballe, Guingamp, Lannion, Loudeac, Broon, Pontrieux, Rosternen.

22 Département de la Creuse. Guéret. *Les Chefs-lieux de District sont :* Guéret, Aubusson, Felletin, Boussac, la Souterraine, Bourganeuf, Evaux.

23 Départ. de la Dordogne. Périgueux. *Les Chefs-lieux de District sont :* Périgueux, Sarlat, Bergerac, Nontron, Exideuil, Montignac, Riberac, Belvez, Montpont.

24 Département du Doubs. Besançon. *Les Chefs-lieux de District sont :* Besançon, Quingey, Ornans, Pontarlie, Saint-Hippolyte, Baume.

25 Départem. de la Drome. Romans. *Les Chefs-lieux de District sont :* Romans, Valence, le Crest, Die, Montelimar, le Buis.

26 Département de l'Eure. Evreux. *Les Chefs lieux de District sont :* Evreux, Bernay, Pont-Audemer, Louviers, les Andelys, Verneuil.

27 Départ. d'Eure & Loire. Chartres. *Les Chefs-lieux de District sont :* Chartres, Dreux, Châteauneuf-en-Thimerais, Nogent-le-Rotrou, Châteaudun, Janville.

28 Département du Finisterre. Brest. *Les Chefs-lieux de District sont :* Brest, Landernau, Lesneven, Morlaix, Carhaix, Châteaulin, Quimper, Quimperlé, Pont-Croix.

29 Département du Gard. Nîsmes. *Les Chefs-lieux de District sont :* Nîsmes, Urès, Beaucaire, Sommières, Sainte-Hippolyte, Alais, le Vigan, Pont-Saint-Esprit.

30 Dép. de la haute Garonne. Toulouse. *Les Chefs-lieux de District sont :* Toulouse, Rieux, Villefranche-de-Lauraguais, Castel-Sarasin, Muret, Saint-Gaudens, Revel, Grenade.

31 Département du Gers. Auch. *Les Chefs-lieux de District sont :* Auch, Lectour, Condom, Nogarot, l'Isle-en-Jourdain, Mirande.

32 Départ. de la Gironde. Bordeaux. *Les Chefs-lieux de District sont :* Bordeaux, Libourne, la Réole, Bazas, Cadillac, Bourg ou Blaye, Lespare.

33 Départ. de l'Hérault. Montpellier. *Les Chefs-lieux de District sont :* Montpellier, Béziers, Lodève, Saint-Pons.

34 Départ. de l'Ille & Vilaine. Rennes. *Les Chefs-lieux de District sont :* Rennes, Saint-Malo, Dol, Fougères, Vitré, la Guerche, Bain, Redon, Montfort.

35 Départ. de l'Indre. Châteauroux. *Les Chefs-lieux de District sont :* Châteauroux, Issoudun, la Châtre, Argenton, le Blanc, Châtillon-sur-Indre.

36 Départem. d'Indre & Loire. Tours. *Les Chefs-lieux de District sont :* Tours, Amboise, Château-Renaud, Loches, Chinon, Preuilly, Langeais.

37 Département de l'Isère, Grenoble. *Les Chefs-lieux de District sont :* Grenoble, Vienne, Saint-Marcellin, la Tour-du-Pin.

38 Département de Jura. Dolé. *Les Chefs-lieux de District sont :* Dole, Salins, Poligny, Lons-le-Saunier, Orgelet, Saint-Claude.

39 Dép. des Landes. Mont-de-Marsan. *Les Chefs-lieux de District sont :* Mont-de-Marsan, Saint-Sever, Tartas, Dax.

40 Départ. du Loir & du Cher. Blois. *Les Chefs-lieux de District sont :* Blois, Vendôme, Romorantin, Mont-Doubleau, Mers, Saint-Agnan.

41 Départ. de la Haute-Loire. Le Puy. *Les Chefs-lieux de District sont :* Le Puy, Brioude, Yssengeaux.

42 Dép. de la Loire inférieure Nantes. *Les Chefs-lieux de District sont :* Nantes, Ancenis, Châteaubriant, Blain, Savenay, Clisson, Guérande, Paimbœuf, Machecoul.

43 Département du Loiret, Orléans. *Les Chefs-lieux de District sont :* Orléans, Beaugency, Neuville, Pethiviers, Montargis, Gien, Bois-Commun.

44 Département du Lot. Cahors. *Les Chefs-lieux de District sont :* Cahors, Montauban, Lauzerte, Gordon, Martel, Figeac.

45 Départ. du Lot & Garonne. Agen. *Les Chefs-lieux de District sont :* Agen, Nérac, Castel-Jaloux, Tonneins, Marmande, Villeneuve, Valence, Montflanquin, Lauzun.

46 Département de la Lozère. Mende. *Les Chefs-lieux de District sont :* Mende, Marvejols, Florac, Langogne, Villefort, Meirveys, Saint-Chely.

47 Départ. de Maine & Loire. Angers. *Les Chefs-lieux de District sont :* Angers, Saumur, Beaugé, Châteauneuf, Ségré, Saint-Florent, Cholet, Vihiers.

48 Départ. de la Manche. Avranches. *Les Chefs-lieux de District sont :* Avranches, Coutances, Cherbourg, Valognes, Carentan, Saint-Lô, Mortain.

49 Département de la Marne. Châlons. *Les Chefs-lieux de District sont :* Châlons, Reims, Sainte-Ménehould, Vitry-le-François, Epernay, Sézanne.

50 Dép. de la Haute-Marne. Chaumont. *Les Chefs-lieux de District sont :* Chaumont, Langres, Bourbonne, Bourmont, Joinville, Saint-Dizier.

51 Départ. de la Mayenne. Mayenne. *Les Chefs lieux de District sont :* Ernée, Mayenne, Lassay, Sainte-Susanne, Laval, Craon, Château-Gontier.

52 Département de la Meurte. Nancy. *Les Chefs-lieux de District sont :* Nancy, Lunéville, Blamont, Sarbourg, Dieuze, Vic, Pont-à-Mousson, Toul, Vézelise.

53 Départ. de la Meuse. Bar-le-Duc. *Les Chefs-lieux de District sont :* Bar-le-Duc, Gondrecourt, Commerci, Saint-Mihiel, Verdun, Clermont, Etain, Stenay.

54 Département de Morbihan. Vannes. *Les Chefs-lieux de District sont :* Vannes, Auray, Hennebon, le Faouet, Pontivy, Josselin, Ploërmel, Rochefort, la Roche-Bernard.

55 Département de la Mozelle. Metz. *Les Chefs-lieux de District sont :* Metz, Longwy, Briey, Thionville, Sarlouis, Boulay, Sarreguemines, Biche, Morhange.

56 Département de la Nievre. Nevers. *Les Chefs-lieux de District sont :* Nevers, Saint-Pierre-le-Moutier, Decize, Moulins-en-Gilbert, Château-Chinon, Corbigny, Clameci, Cosne, la Charité.

57 Départ. du Nord. Valenciennes. *Les Chefs-lieux de District sont :* Valenciennes, le Quesnoy, Avesnes, Cambray, Douay, Lille, Hazebrouck, Bergues.

58 Département de l'Oise. Beauvais. *Les Chefs-lieux de Districts sont :* Beauvais, Chaumont, Grandvilliers, Breteuil, Clermont, Senlis, Noyon, Compiègne, Crépy.

59 Département de l'Orne. Alençon. *Les Chefs-lieux de District sont :* Alençon, Domfront, Argentan, l'Aigle, Bellesme, Mortagne.

60 Département de Paris. Paris. *Les Chefs-lieux de District sont :* Paris, Saint-Denys, le Bourg-la-Reine.

61 Départ. du Pas-de-Calais. Arras. *Les Chefs-lieux de District sont :* Arras, Calais, Saint-Omer, Béthune, Bapaume, Saint-Pol, Boulogne, Montreuil.

62 Dép. du Puy-de-Dome. Clermont. *Les Chefs-lieux de District sont :* Clermont, Riom, Ambert, Thiers, Issoire, Besse, Billom, Montaigu.

63 Dép. des Hautes-Pyrénées. Tarbes. *Les Chefs-lieux de District sont :* Tarbes, Vic, Bagnières, Argelès, la Barthe-de-Nestes ou les Quatre-Vallées.

64 Départ. des Basses-Pyrénées. Pau. *Les Chefs-lieux de District sont :* Pau, Orther, Oléron, Mauléon, Saint-Palais, Ustaritz.

65 D. des Pyrénées orienta. Perpignan. *Les Chefs-lieux de District sont :* Perpignan, Ceret, Prades.

66 Départem. du Haut-Rhin. Colmar. *Les Chefs-lieux de District sont :* Colmar, Altkirck, Béfort.

67 Départ. du Bas-Rhin. Strasbourg. *Les Chefs-lieux de District sont :* Strasbourg, Haguenau, Wissembourg, Benfeld.

68 Départ. de Rhône & Loire. Lyon. *Les Chefs-lieux de District sont :* Lyon, la campagne de Lyon, S. Etienne, Mont-Brison, Rouanne, Villefranche.

69 Départ. de la Haute-Saône. Vesoul. *Les Chefs-lieux de District sont :* Vésoul, Gray, Lure, Luxeuil, Jussey, Champlitte.

70 Départ. de Saone & Loire. Macon. *Les Chefs-lieux de District sont :* Macon, Châlons, Louhans, Autun, Bourbon-Lancy, Charolles, Sémur-en-Brionnois.

71 Département de la Sarte. Le Mans. *Les Chefs-lieux de District sont :* Le Mans, Saint-Calais, Château-du-Loir, la Flèche, Sablé, Sillé-le-Guillaume, Fresnay-le-Vicomte, Mamers, la Ferté-Bernard.

72 D. de la Seine, & de Loise. Versail. *Les Chefs-lieux de District sont :* Versailles, Saint-Germain, Mantes, Pontoise, Dourdan, Montfort, Etampes, Corbeil, Gonesse.

73 Dép. de la Seine inférieure. Rouen. *Les Chefs-lieux de District sont :* Rouen, Caudebec, Montivilliers, Cany, Dieppe, Neufchâtel, Gournay.

74 Départ. de Seine & Marne. Melun. *Les Chefs-lieux de District sont :* Melun, Meaux, Provins, Nemours, Rosoy.

75 Départ. de deux Sevres. Nyort. *Les Chefs-lieux de District sont :* Nyort, Saint-Maixant, Parthenay, Thouars, Melle, Châtillon.

76 Département de la Somme. Amiens. *Les Chefs-lieux de District sont :* Amiens, Abbeville, Péronne, Doulens, Mondidier.

77 Département du Tarn. Castres. *Les Chefs-lieux de District sont :* Castres, Lavaur, Alby, Gaillac, la Caune.

78 Département du Var. Toulon. *Les Chefs-lieux de District sont :* Toulon, Grasse, Hyères, Draguignan, Saint-Maximin, Brignolles, Fréjus, Saint-Paul-lès-Vence, Barjols.

79 Départ. de la Vendée. Fontenay. *Les Chefs-lieux de District sont :* Fontenay-le-Comte, la Châtaigneraye, Montaigu, Challans, les Sables d'Olonne, la Roche-sur-Yon.

80 Département de la Vienne. Poitiers. *Les Chefs-lieux de District sont :* Poitiers, Châtellerault, Loudun, Montmorillon, Lusignan, Civray.

81 Dép. de la Haute-Vienne. Limoges. *Les Chefs-lieux de District sont :* Limoges, le Dorat, Bellac, Saint-Junien, Saint-Yriex, Saint-Léonard.

82 Département des Vosges. Epinal. *Les Chefs-lieux de District sont :* Epinal, Mirecourt, Saint-Dié, Rambervilliers, Remiremont, Bruyères, Darney, Neuf-Château, la Marche.

83 Département de l'Yonne. Auxerre. *Les Chefs-lieux de District sont :* Auxerre, Sens, Joigny, Saint-Fargeau, Avalon, Tonnerre, Saint-Florentin.

www.ingramcontent.com/pod-product-compliance
Ingram Content Group UK Ltd.
Pitfield, Milton Keynes, MK11 3LW, UK
UKHW021150230726
13926UKWH00001B/28

9 782019 224530